中国語
中級作文

◇ 改訂版 ◇

程美珍・高橋海生 著

解　答　例

白帝社

第1课

I 1. 你过生日的时候，我打算送你一个生日蛋糕。
   2. 你还他那辆自行车了吗？
   3. 热情的房东租给我们中国研修生一套最好的房子。
   4. 他弄坏了我的照相机，昨天赔了我一架新的。
   5. 公司赠给代表团每个团员一份纪念品。
   6. 他长得胖乎乎的，同学们都叫他"小胖子"。
   7. 老师的话给了我很大的启示。
   8. 他父亲在遗嘱里分给他一大笔遗产。
   9. 在日本租房子，开始要先付房东很多钱，其中包括押金、礼金等。
   10. 请递给我辣酱油和胡椒粉。
   11. 请你通知大家明天我们不去迪斯尼乐园(狄斯奈乐园)了。
   12. 他们报价太高，请你答复对方这笔生意我们不作了。
   13. 她答应我以后不再这样做了。
   14. 请你教我毛衣的织法，好吗？
   15. 因为他犯了抢劫罪，法院判了他三年徒刑。
   16. 告诉大家一个好消息，小王下月要结婚了！
   17. 我买房子的钱几乎都是银行贷款，现在还欠银行一千多万日元。
   18. 我想请教您一个问题，可以吗？
   19. 他传授给我很多好的工作经验。
   20. 他贪污了公司三千万元，被公安局逮捕了。
   21. 他在智力测验大会上得了第一名，大会奖励他一辆小轿车。
   22. 我回答老师问题的时候，总是有点儿紧张。
   23. 上个月公司发给每个职员一套新工作服。

24. 他从这笔生意中，赚了对方不少钱。

25. 上次足球比赛，我们赢了他们三个球。

II 1. 那位先生送学校不少书。

2. 弟弟给我一块手表。／我给弟弟一块手表。

3. 他租了我们两间房子。

4. 红队输了黄队五分。

5. 你问他什么了？

III 1. 我朋友教我打羽毛球。

2. 妈妈生日那天我送妈妈一件礼物。

3. 我们每年都要交国家很多税。

4. 小王通知我下午大家练习节目。

5. 他还图书馆一本书。

第2课

I 1. 你的理科好，选择计算机专业最合适。

2. 学习外语要注意学习方法。

3. 开发多种能源是百年大计。

4. 坐船太慢，还是坐飞机快。

5. 饭前洗手是个好习惯。

6. 打太极拳对身体很有好处。

7. 分析问题要全面，不要太片面。

8. 掌握一门技术有助于将来找到好工作。

9. 你去当然很好，不去也没关系。

10. 他的爱好是画画儿、练书法。

11. 这些青年农民决定绿化荒山。

12. 她们计划办一个托儿所。

13. 我相信这次实验一定能成功。
14. 我们都盼望明天是个好天。
15. 妈妈做的菜真好吃。
16. 你买的这块表真漂亮。
17. 日本考驾驶证的人越来越多。
18. 那个商店没有我要的那种鞋。
19. 那里是盛产鱼虾的好地方。
20. 总经理非常赞成我们提出的建议。
21. 他满怀信心地论述了他们的设计方案。
22. 他毫无保留地传授了所有的技术。
23. 妈妈心疼地抚摸着孩子烫伤的手。
24. 大家心情舒畅地喝着酒，聊着天。
25. 这种轿车性能好，样子美观，价格又不算贵。

II 1. 他变　　2. 学习医学　　3. 参观晴空塔
　　4. 谈吐文雅，知识渊博　　5. 手都酸了　　6. 忘我

III 1. 她买的菜太多了。
　　2. 这本小说是我哥哥送我的。
　　3. 我很喜欢学习中文。
　　4. 我多么希望见到你。
　　5. 她决心要当一名演员。
　　6. 他们满怀激情地讨论着。

第3课

I 1. 他今天来得比较晚。
　　2. 她的音发得相当准。
　　3. 他汽车开得特别稳。

4. 这儿的稻子长得真不错。
5. 那匹马跑得怎么那么慢呀。
6. 昨天晚上我睡得很香。
7. 姑娘们打扮得真漂亮。
8. 这几天他咳嗽得很厉害。
9. 你去哪儿游泳了吗？皮肤晒得这么黑。
10. 你这张照片照得很自然。
11. 这个城市的工业，特别是纺织业发展得很迅速。
12. 日本的再生医疗技术进步得很快。
13. 结婚典礼的会场布置得很漂亮。
14. 这次旅行日程安排得非常周到，真是太感谢你们了！
15. 这次日中双方交流得非常深入、细致。
16. 孩子的头烧得厉害，给她用冰枕头冰一冰吧。
17. 我朋友考虑问题考虑得很周全。
18. 你别喝得太多了，要不，又要醉了。
19. 张教授讲课讲得真生动。
20. 这件衣服做得不合适，太肥了。
21. 刚才雨下得大不大？
22. 演员们演得非常精彩，大家都为他们热烈地鼓掌。
23. 你看，我这次的头发烫得怎么样？
24. 听说你跳得好极了，给大家跳个日本舞吧。
25. 我这次考试考得一点儿也不好。

Ⅱ 1. 做得真结实　　2. 提高得很快　　3. 准备得非常充分
　　4. 刮得特别大　　5. 过得很愉快

Ⅲ 1. 您说得对，我很赞成。
　　2. 她打网球打得好不好？

3. 我朋友游泳游得很不错。/ 我朋友游得很不错。

4. 他法语说得也好,写得也很好。

5. 这个公司修建这座大楼修建得很快。

第4课

Ⅰ 1. 风吹得她头发都乱了。

2. 大家笑得肚子都疼了。

3. 这个菜辣得我直出汗。

4. 刚才坐快速滑行车(过山车),吓得她直叫唤。

5. 他们吵得我不能睡觉。

6. 这几天热得人真难受。

7. 上课的时候,他困得哈欠一个接着一个。

8. 我们走得腿都疼了。

9. 她哭得两个眼睛都红了。

10. 你变得我都不敢认了。

11. 我不习惯跪着坐,坐了一会儿,跪得我脚都麻了。

12. 这两天搬家,累得我腰直疼。

13. 我不小心摔了一跤,摔得我半天没爬起来。

14. 他夸得我都不好意思了。

15. 蚊子咬得我手上起了一个大包。

16. 演员们的精彩表演感动得观众流下了眼泪。

17. 为了孩子的病,这几天愁得她晚上睡不着觉。

18. 日本游泳运动员在奥运会上得了金牌,大家兴奋得欢呼起来。

19. 看到金榜上有他的名字,他高兴得跳了起来。

20. 这个菜真香,馋得我直流口水。

21. 他玩儿电子游戏玩儿得忘了吃饭。

22. 这套西服旧得不能再穿了。

23. 这件毛衣洗了以后，缩得不能穿了。

24. 这一带静得令人可怕。

25. 这座智能大厦设计得既美观又大方。

II 1. 小树都倒了

    2. 裤腿都破了

    3. 躺下就睡着了

    4. 好像真的一样

    5. 不能吃东西

III 1. 他说得大家都笑了。

    2. 我们走路走得满头是汗。

    3. 这本小说写得很感人。

    4. 小娃娃饿得直哭。

    5. 屋子里打扫得一点儿灰尘也没有。

综合练习1

1. 1）山多、果树多　　2）抽烟　　3）他们能成功　　4）钓鱼

   5）那位作家写　　6）牙疼　　7）分析问题　　8）学习外语

   9）你开

2. 1）他问你什么了？

   2）那位先生送学校不少书。

   3）红队赢了黄队两个球。

   4）她告诉我明天她有事。

   5）售票员找你多少钱？

   6）哪位老师教你们汉语？

   7）我还您那本《现代汉语词典》了。

8) 父亲每月给他十万日元生活费。

9) 他在路旁违法停车，警察罚他两万日元。

10) 我们俩租了房东一套房子。/ 房东租了我们俩一套房子。

3. A 流利　B 远　A 不错　B 准

4. 1) 子供たちは芝生で本当に楽しく遊んだ。
　　子供たちは芝生で楽しそうに遊んでいる。

2) 彼の言葉はきっぱりとしていた。
　　彼はきっぱりと「我々は任務をやりとげることを保証します」と言った。

3) 君たちは随分早く来たんだね。まず部屋に行って休んでください。
　　君たち、明日は早く来るのを忘れないように。

4) この子豚は特によく食べる。
　　子豚だって沢山は食べられません。食べすぎると具合が悪くなります。

5) 彼はとてもゆっくりと歩いています。それは足を怪我しているからです。
　　気を付けて。道が滑るからね。

6) 今月彼はとても忙しく、ちょっとしか休めなかった。
　　今月彼はあまり休みを取っていない。

7) 毎回の活動で、彼らはいつもよく準備ができている。
　　我々はしっかりと準備しなければならない。

8) 彼らはみな勉強ぶりがとても真面目だ。
　　彼らはみな大変真面目に勉強する。

第 5 课

I 1. 你看没看见老张?/你看见老张了吗?
2. 昨天,我在街上碰见了一位十年没见的老同学。
3. 他们结完婚,就去夏威夷旅行了。
4. 等我办完签证手续,立刻给你打电话。
5. 他紧紧地握住我的手说:"太谢谢你了!"
6. 汽车停住了,从车上走下一位老人。
7. 他买下了那家公司百分之三十的股份,成了那家公司的大股东。
8. 最后走的人请锁上门。
9. 你找着丢在电车上的皮包了吗?
10. 一个人的生活我已经过惯了,所以并不感到寂寞。
11. 这个商店营业到几点?
12. 这个月的消费额减少到去年同期的三分之二。
13. 这张山水画挂在那儿吧。
14. 我的钥匙忘在屋里了,怎么办?
15. 屋子里太热,开开空调吧。
16. 她切开西瓜一看,里面还是生的。
17. 请你解开上衣钮扣,我用听诊器听一听。
18. 我学会开汽车了,上个星期拿到了驾驶证。
19. 他没有听懂您的意思,请您慢点儿说。
20. 这块蛋糕是留给弟弟吃的,不是留给你的。
21. 昨天,我摔倒了。脚腕子骨折,住进了医院。
22. 这么多的剩饭都倒掉了,多可惜呀!
23. 昨天,我一个人搬了那么多箱子,简直累死我了。
24. 猫咪打翻了一个醋瓶子,屋子里净是醋味儿。

25. 这几个书店我都找遍了,也没找着(买到)那本词典。

Ⅱ 1. 开开灯吧   2. 马上就卖完了   3. 关上窗户吧

　4. 剩下的工作明天再做吧   5. 但我还能看懂

Ⅲ 1. 晚上我做完作业了。

　2. 他学会开车了。

　3. 你开完会才去吃饭吗?

　4. 昨天我在车站遇见了田中。

　5. 每天父亲吃完晚饭都要去散步。

第6课

Ⅰ 1. 你们这次的旅行计划我已经全安排好了。

　2. 这道题你算错了,再算一遍吧。

　3. 对不起,我认错人了。

　4. 卧铺票全卖光了,一张也没有了。

　5. 冬天到了,树叶已经掉光了。

　6. 屋子里坐满了人。

　7. 一进入梅雨季节,山坡上就开满了绣球花。

　8. 你喝多了,不能再喝了。

　9. 几年前种的那几棵小树,现在已经长大了。

　10. 你猜对了。这个谜语的谜底是"花生"。

　11. 刚换上的衣服怎么弄脏了?

　12. 回家的路上,遇到一场大雨,我全身都淋湿了。

　13. 十年没见,我们都变(显)老了。

　14. 我已经吃饱了,再也吃不下了。

　15. 再等一会儿吧,去早了,我们还得在外面等着。

　16. 昨天,我吃坏了肚子,今天什么也不想吃。

17. 你看，我们来晚了，一个空座位都没有了。

18. 以前这条马路很窄，修宽了以后，现在能并排走六辆汽车了。

19. 这条裤子做短了，你凑和着穿吧。

20. 你这次出差的费用全算清楚了吗？

21. 油大的菜我已经吃腻了，想吃点儿清淡的。

22. 屋子打扫干净以后，她又在桌子上摆了一瓶花儿。

23. 你们应该在商品上标清(明)价钱和保质期。

24. 留学需要的物品他都准备齐全了。

25. 没考虑周到就别行动。干什么事儿都应该慎重。

Ⅱ 1. 站满了人　　2. 喝光了一瓶茅台酒　　3. 请大家系好安全带

　　4. 皮肤都晒黑了　　　5. 刚收拾整齐

Ⅲ 1. 妹妹收拾好屋子了。

2. 我没听懂广播的内容，所以有的问题回答错了。

3. 这个问题你考虑好没考虑好？

4. 他没整理完书房的书，就走了。

5. 昨天晚上我喝多了，今天早上头疼得厉害。

第7课

Ⅰ 1. 你别出去了，要下雨了。

2. 你拿来的点心，我一个人都吃光了。

3. 小明放下书包，就去同学家玩了。

4. 他举起酒杯说："为我们的重逢干杯！"

5. 书报杂志阅览后，请放回原处。

6. 电梯的载重量超过了，我只好下去了。

7. 电影快开演了，你先进去吧，我再等他一会儿。

8. 请拿开放在桌子上的东西，不要妨碍别人使用。

9. 你们什么时候回美国去？
10. 我给你带来一些你喜欢吃的蛋糕，快来吃吧。
11. 我们公司最近从美国引进了一台最新式数控车床。
12. 我们请来那位有名的作家给我们作报告。
13. 前面过来一位小伙子，请他帮一下忙吧。
14. 别客气，请进来坐一会儿吧。
15. 代表团从机场出来以后，请大家鼓掌欢迎。
16. 松本穿过马路，朝我跑来。
17. 他走过我身边的时候，我一点儿也不知道(没发觉)。
18. 姐姐买来一台笔记本(式)电脑。
19. 我给朋友寄去了他要的那份资料。
20. 小明从抽屉里取出(拿出)一个小盒子说："你猜猜这是什么？"
21. 我生日的那一天，她给我送来一束玫瑰花儿。
22. 孩子们从海边拾来了一些贝壳。
23. 由于向东京的高(过)度集中，给东京的城市环境带来很多问题。
24. 为和我们谈这次索赔的问题，对方派来了两个人。
25. 你看，爬上山顶的一定是山本他们，我们也快上去吧。

Ⅱ 1. 他现在不在家，出去了　　2. 请大家进来吧
　　3. 你赶快下去看看吧　　4. 快起来吧　　5. 游行队伍过来了

Ⅲ 1. 我进屋子去的时候，他在看书呢。
　　2. 今天下午我给妈妈寄去了一件生日礼物。
　　3. 他买来了三套纪念邮票。
　　4. 时间飞快地过去了，马上要过年了。
　　5. 你爸爸出差回来了，你快去看看吧。

第8课

Ⅰ 1. 示威游行的队伍走过来了。

2. 汽车从我身边开过去了。

3. 观众站起来,为运动员们热烈鼓掌。

4. 我们到了山顶一个多小时了,他才爬上来。

5. 糟糕!刚晾出去的衣服,都刮下去了。

6. 车里人很多,我好容易才挤了进去。

7. 我们在森林里迷了路,走了半天,又转回来了。

8. 这种事最好还是推出去,不要管。

9. 这是今年的招生广告,一会儿贴上去。

10. 他们已经跑那么远了,加油,赶上去。

11. 刚才上空飞过去一架直升飞机。

12. 当我们走出电影院来的时候,天已经黑了。

13. 这个数据是从一个民意测验中摘下来的。

14. 她和丈夫吵了一架,从家里跑出去了。

15. 下雨了,快收进那几件衣服来吧。

16. 服务员端上来一道又一道的菜,每个菜都非常合我的口味。

17. 这个吹风机别放进箱子里去,明天早上还要用呢,随身带着吧。

18. 今天,弟弟从外面抱回一只小狗来。

19. 他从汽车上搬下来几个纸箱子。

20. 请拿出护照来,我看一看。

21. 这是点儿新鲜的水果,请带回去尝尝吧。

22. 隔壁的邻居给我们送过来一些白兰瓜。

23. 那个篮球运动员弯下腰来,和我握了握手。

24. 她抬起头来,对我笑了笑,又不好意思地低下了头。

25. 上边掉下来一个花盆，差点儿砸着我。

II 1. 他买了几斤桃回来　　2. 请拿出车票来

3. 我们走上去看看吧　　4. 我看扔出去算了　　5. 我送你进去吧

III 1. 我们看见他们跑下山去了。

2. 木村先生已经回到日本来了。

3. 小张跑进办公室来的时候，已经九点半了。

4. 汽车向我们开过来。

5. 一看刘教授从楼梯上走下来，我们都迎了上去。

第 9 课

I 1. 下起雨来了，咱们找个地方避一下吧。

2. 什么事情都是说起来容易，作起来难。

3. 桌子上太乱，你收拾起那些东西来吧。

4. 炸臭豆腐闻起来不大好闻，但吃起来味道还不错。

5. 他今年虽然已经六十多岁了，但走起路来还像二十几岁的小伙子。

6. 你们再喝下去，就赶不上末班车了。

7. 从这个学校毕业以后，我还想继续学下去。

8. 您一直走下去，就可以看见一个白色的大楼，那就是贸易中心。

9. 屋里太热，请脱下大衣来吧，不然，出去要感冒了。

10. 这是我的电话号码和住址，请你记下来吧。

11. 这件珍贵的文物，一直由博物馆保存了下来。

12. 这个问题的答案我终于想出来了。

13. 我看出来了，她好像对我有意见。

14. 他们研究小组研制出一种新材料来。

15. 我明白过来了，妈妈说我，都是为我好。
16. 人不怕有错误，只要纠正过来就好。
17. 疲劳已经恢复过来了，今天我又可以接着干了。
18. 她的病发作了，今天早上晕过去一次。
19. 他流血过多，昏过去了，应该赶快输血。
20. 有关这方面的信息都搜集上来了吗？
21. 打过电话三十分钟以内，比萨饼店就能（把比萨饼）送上门来。
22. 学生们的作业都交上来了。
23. 大家的意见都反映上去了，厂方会答应我们的要求的。
24. 只要推进旅游事业的开发，这个地区的经济就能发展上去。
25. 工、农业生产值都应该尽快提高上去。

Ⅱ 1. 哭了起来
　2. 我说出来
　3. 我已经报上去了
　4. 请你继续讲下去吧
　5. 他的心情才平静下来

Ⅲ 1. 我们刚走出飞机场，就下起雪来了。
　2. 您别着急，我们一定能想出办法来。
　3. 他等会场上渐渐地安静下来，才开始讲话。
　4. 爸爸找到工作以后，家里的生活一天天好起来。
　5. 传统的文化艺术我们应该继承下去。

综合练习 2

1. 1) 过　回　　2) 脏　干净　　3) 上　着　　4) 好　在
　 5) 对　错　　6) 见　到　　7) 明白　懂　　8) 完好

9) 在 好

2. 1) A：去　A：来　C：来　来

   2) A：去　B：去　A：来　B：来　A：来

3. 快　高　远　过来　起来　起来　过去
   上去　出　来

4. 1) 早く食べなさい！さもないと，間に合わなくなります。
      早食いすると胃に悪いよ。
   2) おなかがすいたでしょう。パンを多めに買いなさいよ。
      たくさん買うと，むだづかいになります。
   3) 遅くなってごめんなさい。
      遅く来た人はあそこに座ってください。
   4) 薄着だった。本当に寒い。
      今日は寒くないから，着るものを1枚減らしたら。
   5) 早寝早起きは身体にいい。
      昨晩寝るのが遅かったので，今朝も起きるのが遅かった。

第10课

Ⅰ 1. 那棵小树长得大吗?
  2. 你找得着他住的地方吗?我给你画张图吧。
  3. 大夫说他的病治得好，请您不要担心。
  4. 请大家不要挤，票还有很多，大家都能买得着。
  5. 这件衬衫脏得太厉害了，洗不白了。
  6. 听说这次试题比较难，我怕考不好。
  7. 窗户开不开了，帮帮忙吧。
  8. 最近脑子不如年青的时候了，单词总也记不住。
  9. 天气预报说明天有雨，看来，运动会开不成了。

10. 做了这么多咖喱饭，你一个人吃不完吧。

11. 邮局已经关门了，这封信今天寄不出去了。

12. 这条路太窄，汽车拐不过来，只好再找别的路了。

13. 你讲得太快了，我记不下来。

14. 每个月领到的工资用不到月底就花光了。

15. 裙子上洒上了一片果汁，怎么也洗不掉了。

16. 你这个老毛病，怎么老也改不过来。

17. 昨天打了一天网球，今天胳膊酸疼，怎么也抬(举)不起来。

18. 这种液晶电视你买得起，我可买不起。

19. 不快走，就赶不上末班车了。

20. 今天雾太大，前边的路看不清，所以车不能开得太快。

21. 他在我们班里英文说得最好，谁也比不上他。

22. 见到妻子能走路了，他激动得说不出话来。

23. 怎么打不通？是不是电话出毛病了？

24. 这只小鸟怎么飞不起来了？

25. 那座山那么高，咱们爬得上去爬不上去？

Ⅱ 1. 看不清楚　　2. 我怎么也做不好　　3. 真看不出来

　4. 今天种得完　　5. 我还能听得懂

Ⅲ 1. 你讲的那个故事我没听懂。

　2. 那篇文章我翻译不出来。

　3. 这门技术你学得会吗？/ 你学得会这门技术吗？

　4. 你们售票处票剩下来了吗？

　5. 这个箱子怎么也关不上。

第 11 课

Ⅰ 1. 你叫这么多菜，咱们两个吃得了吗？

2. 太晚了，我们今天去不了了吧？
3. 我永远忘不了他对我们的帮助。
4. 买一台空气净化器花不了这么多钱。
5. 在我们面前没有克服不了的困难。
6. 这次比赛咱们队赢得了赢不了？
7. 我已经吃饱了，再也吃不下了。
8. 听说新剧场坐得下七、八千人。
9. 这个办公室放不下五张桌子。
10. 那个停车场能停得下二百多辆汽车。
11. 这个房间睡不下六个人，我们再要一个房间吧。
12. 这块肉都是筋，嚼不动。
13. 顶着风骑车，你骑得动吗？
14. 我已经游了一千多米了，再也游不动了。
15. 汽车陷在泥坑里了，怎么推也推不动。
16. 你扛得动扛不动这箱苹果？
17. 这个菜已经馊了，吃不得了。
18. 这件事急不得，应该慢慢想办法。
19. 妈妈舍不得让女儿去留学。
20. 这件事情怪不得他，都是我不好。
21. 这种饮料有一种怪味，我喝不来。
22. 他们俩结婚以后，感情合不来，总是吵架。
23. 现在走还来得及，再晚一点儿就来不及了。
24. 现在开始努力，考大学还来得及。
25. 我还没来得及收拾屋子，客人就到了。

Ⅱ 1. 我吃不了　　2. 写不下(这么多字)　　3. 怎么也推不动
　　4. 你去不得　　5. 但他舍不得花

Ⅲ　1．你要了这么多菜，我们俩吃不了吧。

　　2．这个会议室坐不下这么多人。

　　3．这碗鸡蛋汤你全喝得了吗？/ 这碗鸡蛋汤你喝得了喝不了？

　　4．他一只手拿不了两个苹果。

　　5．那块糖掉在地上了，吃不得了。

第12课

Ⅰ　1．他每天早上要跑二十分钟。

　　2．请你等一会儿，他马上就来。

　　3．我在神户住过几年。

　　4．昨天我们两个人聊了三个多小时才睡觉。

　　5．我找了半天，才找到我的钥匙。

　　6．他太忙了，屋子里的灯又亮了一夜。

　　7．我没休息那么长时间，只休息了三天。

　　8．昨天他整整咳嗽了一个晚上。

　　9．展览会结束一个星期了，可他还没有回来。

　10．如果你明天有事，我就替你一天。

　11．为了这件事情，我们开了两个晚上会。

　12．我已经学了一年半中文了，但还不怎么会说。

　13．我们连续干了一天一夜才完成了指标。

　14．这家烤鸭店创建一百多年了，是个老铺子。

　15．他只滑了一会儿冰，就回去了。

　16．那个问题他们讨论了好长时间也没得出结论。

　17．每年春天，我们都放三个星期假。

　18．星期天我洗了一个上午衣服。

　19．昨天晚上我们打了一宿麻将，今天我困得直打哈欠。

20. 他结婚已经三年了。

21. 毕业都两年了,他还没找到固定(正式)工作,还在打零工。

22. 这趟车晚点三十分钟,我们还得再等一会儿。

23. 我们公司刚成立五个月,还没有走上正轨。

24. 我刚来北京不久,对这里的情况还不太熟悉。

25. 我离开那里已经两年多了,但还是非常想念那里的人们。

II 1. 会议开了好几个小时。

  2. 老师和我谈了三十分钟话。

  3. 明天我想去颐和园玩儿一天。

  4. 他妹妹考上大学已经两年了。

  5. 每天他都早来一刻钟。

III 1. 昨天下午我们一起游了三个小时泳。

  2. 我学了六年英语,学了两年汉语。

  3. 今天我只看了一个小时电视。

  4. 我的钱包丢了一个星期了。

  5. 每天你锻炼多长时间身体?

第13课

I 1. 小宝宝哭了两声,就不哭了。

  2. 昨天我找过你两次,你都不在家。

  3. 她上下打量了我一番,才开口问:"你有什么事?"

  4. 我们几个老朋友十几年没见了,昨天在一起热闹了一番。

  5. 我从头到尾数了三遍,还是没数对。

  6. 我擦了一遍桌子,又扫了一遍地,办公室里才干净了一些。

  7. 虽然我已经来过好几次京都了,可每次都感到很新鲜。

  8. 这条路我走过很多回了,不会带错路的。

9. 刚才妈妈说了他一顿，所以现在他有点儿不高兴。

10. 不知为什么她突然发了一顿脾气，真是莫名其妙。

11. 那条狗咬了他一口，他的手都咬肿了。

12. 要不是他拉了我一把，我就撞到自行车上了。

13. 爸爸瞪了儿子一眼，没说话，就出去了。

14. 我跟他开玩笑，没想到他打了我一拳，不让我再说下去。

15. 小马踢了一脚球，不但没踢着，反而摔了一跤。

16. 她在桌下踩了我一脚，暗示我不要提这件事。

17. 我问她对不对，她笑着摇了一下头说"不对"。

18. 我敲了好几下门也没有人答应，一定是不在家。

19. 我忘了带做好的作业，只好回家去取了一趟。

20. 昨天夜晚刮了一阵大风，樱花都谢了。

21. 楼下传来一阵笑声，一定是惠子她们回来了。

22. 上个月我大病了一场，现在身体还没有完全恢复过来。

23. 这两天下了两场大雨，天气显得凉快多了。

24. 上个月我去了一趟美国，下个月还要去加拿大。

25. 昨天他跟我发了一通牢骚，说想调到别的部门去工作。

Ⅱ 1. 他曾经来看过我两次。

2. 她瞪了她的丈夫一眼。／她的丈夫瞪了她一眼。

3. 这种茶很好喝，你喝一口尝尝。

4. 他推了我一把，我差点儿没摔倒。

5. 我一个星期要洗三次头。

Ⅲ 1. 我听过两遍这支乐曲。

2. 他们想去那儿一次。

3. 到了北海公园，请叫我一声。

4. 我去年在展览会上碰到他一次。

5. 我刚才敲了好几次门，你怎么没听见?

综合练习3

1. 1) A：动(了)　动(了)　B：完　完　A：完
   2) A：见　B：见　清楚　A：清楚　B：清楚　B：好
2. 1) A：点儿(些)　B：点儿　一下　B：一下
   2) B：两公斤　一下　A：点儿
3. 1) 他们俩大学毕业快两年了。
   2) 他已经去北京半年多了。
   3) 我们在体育馆打了一个下午网球。/ 我们在体育馆打网球打了一个下午。
   4) 她刚回国两天。
   5) 我参加了一个半小时的讨论会。
4. 1) 五天　点儿　点儿　一下　了　了　了
   2) 许多　去　去　几次　几天
   3) 一天　到　一天
5. 1) このシーツは汚れすぎて，洗ってもきれいにならない。
      このシーツはきれいに洗わなかった。
   2) 今週彼女は6日間働いた。
      彼女は病気です。6日間出勤していません。
   3) 彼は2度上役に表彰された。
      上役は2度彼を表彰した。
   4) 広告の文字がはっきり見えますか。
      広告の文字がはっきりしていると思いますか。

第 14 课

I 1. 我想找您谈件事，您有空儿吗？
2. 明天我要到机场去接中国作家代表团。
3. 我们举办个宴会来欢迎新同事，好不好？
4. 这个星期日我们开车去兜风吧。
5. 我们买杯珍珠奶茶喝吧。
6. 妈妈不在家，我们自己做饭吃吧。
7. 我想借你翻译课的笔记看看。
8. 常用盐水漱口可以预防感冒。
9. 我用毛笔写不好，还是用圆珠笔写吧。
10. 他们用空罐头筒做了一个储蓄罐。
11. 中国人和日本人用筷子吃饭，欧美人用刀叉吃饭。
12. 他花二百多万日元买了一辆新型的混合动力车。
13. 她一个人乘游艇周游了世界一周。
14. 利用光纤传递信息，效率极高。
15. 气象预报说下午有雨，你带着伞出去吧。
16. 日本的山中伸弥教授培育出 iPS 细胞（诱导多能干细胞）荣获了诺贝尔医学生理学奖。
17. 大家听了这个笑话都笑得直不起腰来了。
18. 她转过脸来看了我们一眼。
19. 他打开窗户向四处眺望，这里的风景真是美极了。
20. 昨天骑自行车摔倒了，把腿摔伤了。
21. 他发短信告诉我下午来。
22. 今天没有时间跟他联系了，明天再说吧。
23. 今天我没有钱跟你们去喝酒了，下次一定去。
24. 我还有几个问题想问一下，可以吗？

25．我没有理由拒绝你的要求。

Ⅱ 1．妈妈弯着腰收拾东西。

2．我喜欢用凉水洗澡。

3．他跳到河里游了一会儿泳。

4．我有个问题想请教您。

5．老师看了看我的文章说你写得不错。

Ⅲ 1．昨天我去访问了那位老工人。

2．他去百货大楼买东西。

3．您讲下去，我们都等着听呢。

4．明天我有时间去滑冰。

5．技术人员和工人去修建水库了。

第15课

Ⅰ 1．老师请我们去她家玩儿。

2．他请我们吃全鸭席。

3．他爱人不让他吸烟。

4．妈妈让我做菜招待客人。

5．经理叫你到经理室去一下。

6．孩子要妈妈给他买个玩具。

7．他要我帮他找一个能教太极拳的老师。

8．妈妈总是嘱咐她要注意交通安全。

9．我们选他当旅游团团长。

10．他们都劝我以后少喝一点儿酒。

11．老师要求我们每人写一篇八百字以上的读后感。

12．电话局来通知催他快点儿交电话费。

13．公司调他到北海道分公司去工作。

14. 这件事情叫人很伤脑筋。
15. 这里的一切都使人感到很亲切。
16. 我爱人嫌我不会说话,总是提醒我说话时要注意。
17. 大家都鼓励我参加这次马拉松比赛。
18. 红十字会派医疗小组去灾区开展救援活动。
19. 她怪妈妈早上没有叫醒她。
20. 我有个朋友想求您办件事,不知行不行?
21. 没有人知道这件事,你就放心吧。
22. 如果有人给我打电话,请告诉他我七点以前回来。
23. 是这位青年救了你的性命。
24. 是这件事情启发了我,使我改变了态度。
25. 是大家帮助我完成了这项研究,我真不知怎样感谢大家才好。

Ⅱ 1. 您要我们做什么?
2. 有人在楼下叫你。
3. 小马常常请我去他那儿。
4. 听众请求他再唱一支歌。
5. 他不让咱们等他。

Ⅲ 1. 公司让他到那里工作。
2. 有一艘船叫"长江号"。
3. 主人请客人吃水果。
4. 大夫除了给他打针以外,还让他吃药。
5. 如果有问题,可以请你批评我。

第16课

Ⅰ 1. 墙上挂着一个(把)吉他。
2. 信封上贴着两张纪念邮票。

3. 停车场上停着好几百辆汽车。
4. 那里为什么站着那么多人?
5. 她的头上插着一支漂亮的簪子。
6. 封面上印着一幅山水画,封底上印着一幅油画。
7. 舞台右边放着一张桌子,桌子上摆着一台电话。
8. 书包里没放着照相机,装的都是吃的。
9. 花园里种着很多樱花(树)。
10. 我家前边有一个湖,湖里开着很多荷花。
11. 山上开满了美丽的杜鹃花。
12. 手上起了(一)个包,可能是什么虫子咬的吧?
13. 屋子里飞进一只蜻蜓,落在我的肩膀上。
14. 门口挤着一群人,好像发生什么事情了。
15. 小卖部运来很多箱矿泉水。
16. 货架上摆着很多小发明产品。
17. 天桥上走下一位三十岁左右的妇女,走近一看,是我们公司的会计。
18. 那边怎么冒起一片红光,不会是着火了吧?
19. 草丛里跳出一只小白兔。
20. 天上出现了一道彩虹。
21. 店里进了一批螃蟹,可一会儿就卖光了。
22. 羊群中跑了三只羊,我只好回去找。
23. 那家饭店死了一个人,死因还没有搞清楚。
24. 我的集邮手册中少了一套我最喜欢的邮票,一定是让弟弟拿走了。
25. 我们班里转走了两个同学。

II 1. 石碑上刻着几个醒目的大字。

2. 图书馆买来很多新书。
3. 天空中挂着一轮洁白的月亮。
4. 桌子上没摆着什么东西。
5. 这里好像少了一把椅子。

Ⅲ 1. 广场上站着很多人。
2. 房后放着一些东西。
3. 床上躺着一个人。
4. 楼上搬来一家新邻居。
5. 后边跑来一条狗。

综合练习4

1. 1) 让　　2) 劝　　3) 使　　4) 欢迎　　5) 请　　6) 让
   7) 嘱咐　　8) 求　　9) 叫
2. 1) 摆着　　2) 飘着　　3) 开过去　　4) 落下来
   5) 搬走了　　6) 死了　　7) 跑过来　　8) 停着
3. 1) 抽　看　　2) 走　关　　3) 背　到　　4) 用　交谈
   5) 炒　吃　做　喝　　6) 上　逛逛　买
4. 連動文：打开一看　没有机会见到你们　出去玩玩
   兼語文：请你们今天晚上十点给我打个电话　让他白跑了一趟
   存現文：门上贴着一张纸条
5. 1) 彼は夏休みに彼の田舎へ行こうと私を誘った。
      彼は私が彼の田舎で数日過ごしに行くことを望んでいる。
   2) お誕生日おめでとうございます。
      あなたの誕生日はきっと素晴らしいものになると思います。
   3) この高齢の作家はまだ文章を書く精力がある。
      この高齢の作家は計画的に文章を書く。

4）彼女は私にコーヒーをいれて飲ませてくれた。
      彼女は私にコーヒーをいれてくれた。
   5）湖面にさっと涼しい風が吹いた。
      涼しい風がさっと湖面から吹いてきた。

第17课

Ⅰ 1. 小猫把盘子里的鱼全吃了。
  2. 我昨天骑车把一个小孩儿撞了。
  3. 你把这些钱拿着，给孩子们买点儿点心带回去。
  4. 昨天我不小心把手机丢了。
  5. 一会儿要来客人，你把房间收拾一下吧。
  6. 请你把我的电话号码记一下。
  7. 我把钱又数（点）了一遍，还是对不上。
  8. 咱们把地毯抬出去晒一晒吧。
  9. 她把头发剪短了。
  10. 你为什么不把这个好消息告诉父母呢？
  11. 小心点，别把玻璃打碎了。
  12. 我已经把你们的住处安排好了。
  13. 昨天夜里刮了一阵大风，把院子里的那棵树刮倒了。
  14. 橱窗里五颜六色的商品把我吸引住了。
  15. 请把我们要的菜端上来吧。
  16. 屋子里太热，快把外衣脱下来吧。
  17. 我们应该把传统的文化和艺术继承下去。
  18. 他把病人送回家去了。
  19. 你应该去，不要把这个好机会错过了。
  20. 我们只好把这次访问的日程推迟了一个星期。
  21. 我们把这个意见向有关方面反映过好几次了，可还是不见改善。

22. 你把这个问题看得太简单了。

23. 我把这件事儿忘得一干二净。

24. 妹妹把那几件脏衣服洗得干干净净。

25. 妈妈把孩子打扮得像小天使一样。

II 1. 你应该把那张画儿画得更大一些。

2. 我们已经把我们的看法写出来了。

3. 他们俩没有把照相机带来。

4. 对不起,我忘把电视机关上了。

5. 房东把那间屋子租给他了。

III 1. 如果不把生词记住,上课的时候就很困难。

2. 我就把那本书还回来。

3. 咱们一起把这些小树种上吧。

4. 弟弟没把这件事情告诉妈妈。

5. 这个句子我明白了。

第18课

I 1. 我把月票放在抽屉里,忘记带来了。

2. 插花是把鲜花插在各种插花用的容器里的一种造型艺术。

3. 她把银行存折和珍贵的首饰都保存在保险柜里了。

4. 父母把一切希望都寄托在孩子身上了。

5. 爷爷让我把那几盆花儿搬到凉台(阳台)上。

6. 咱们把船划到桥那边去吧。

7. 由于库存过剩,公司决定把这个品种的产量控制到70%。

8. 请把垃圾扔进垃圾箱里,不要随地乱扔。

9. 你把旅行用的东西都事先放(装)进手提包里,不然怕忘记了。

10. 他的病情恶化了，我们又把他送进了医院。
11. 为了保护地球环境他们把废报纸收回来生产再生纸。
12. 他马上把那个人送来的贿赂退回去了。
13. 我已经把手里的日元换成美元了。
14. 市里决定要把这里建成一个有特色的公园。
15. 他要把这部小说改编成一个电影剧本。
16. 他把采来的银杏叶制成了书签。
17. 我把这个地方看作我的第二故乡。
18. 你知道日本人为什么把和服也叫作吴服吗？
19. 同学们把张老师当作最好的朋友。
20. 这个公司已经把两万公顷沙漠改造为葡萄园。
21. 如果大家没有意见，我们就把晚餐的涮羊肉改为北京烤鸭吧。
22. 在中国人们把不到发薪就把工资都花光的人叫作"月光族"。
23. 她把妈妈寄来的苹果都分给大家吃了。
24. 妈妈把一个肾脏移植给了自己的孩子。
25. 我们公司把制造复印机的专利转让给新加坡的一家复印机厂了。

Ⅱ 1. 他没把那包药寄到上海。
 2. 我们把世界地图挂在那边吧。
 3. 弟弟把钓上来的鱼放回河里去了。
 4. 我把那位老人当作医生了。
 5. 他们把这片水田改成了苹果园。

Ⅲ 1. 他没把那篇文章翻译成英文吗？
 2. 我们把这几张桌子搬到外边去吧。
 3. 她想把这张照片挂在那张的旁边。
 4. 他把存的行李从吴老师那里取回来了。

5. 请您把东西送到我这里来。

第19课

Ⅰ 1. 那件旧毛衣扔了，你再买一件吧。
2. 他的文件包丢了，已经去派出所报案了。
3. 削苹果时，她的手削破了，出了很多血。
4. 屋子打扫干净了。
5. 这位作家写的小说已经印刷好，马上就能出版了。
6. 我们的研究计划批下来了。
7. 树上的叶子全吹掉了。
8. 那份资料放在哪儿了？请你帮我找一下好吗？
9. 杀人凶手已经抓到了。
10. 电脑已经修理好了，我又能上网了。
11. 这个孩子惯得越来越不像话了。
12. 我的暑假作业早就做完了。
13. 饭菜已经摆好了，请大家入座吧。
14. 那本论文集要翻译成法文。
15. 小张调到总公司去了，你到总公司去找他吧。
16. 您的旗袍已经做好了，您什么时候来取？
17. 对不起，你要的棒球票没有买到。
18. 他的眼镜送到眼镜店去修理了。
19. 月球探查卫星已发射到太空去了。
20. 世界最高的电视塔已经建好了。
21. 他的脸晒得通红，一定是去海边游泳了。
22. 他考上大学的消息传到家里，全家人都为他高兴。
23. 桥梁架好了，以后我们过河就方便了。

24. 螃蟹蒸好了。味道真新鲜。

25. 饺子卖光了,只有馒头了,你要不要?

II 1. 你的收音机没修理好。

2. 几瓶酒都喝光了。

3. 您的信已经交给他了。

4. 最近物价又抬高了。

5. 这些鸡准备送到市场上。

III 1. 你的衣服是怎么弄脏的?

2. 那只野猪捉住了。

3. 莫言的小说都卖光了。

4. 黄瓜、西红柿都放在桌子上了。

5. 我的杯子打碎了。

第20课

I 1. 他今天被部长表扬了(一番),所以心里特别高兴。

2. 弟弟被妈妈说了一顿,可是他根本不在意。

3. 那个人走私毒品,被海关人员发现了。

4. 她被经理叫去了,可能是谈让她当主任的事。

5. 病人被大夫抢救过来了。

6. 听说他被女朋友甩了,所以这两天老是一个人喝闷酒。

7. 昨天晚上的约会被他忘得一干二净,我等了他一个多小时他也没来。

8. 他终于被大家说服了,同意代表这个餐厅参加厨艺比赛。

9. 他被那个女孩子的美貌吸引住了,一直盯着她。

10. 你可能要被派到新西兰去工作。

11. 放在大衣柜里的西服被虫子咬了。

12. 这几天他老是被这件事情烦恼着。
13. 我的手被玻璃划破了(一个大口子)，流了很多血。
14. 她的秘密被人发现了。
15. 这一页被人弄破了。
16. 他叔叔被送进医院去了，听说是得了急性阑尾炎。
17. 早上电车里非常拥挤，我被踩了好几脚。
18. 他被推选为律师协会的常务理事。
19. 他已经被分配到总公司的总务部工作了。
20. 我的腰被撞得疼了好几天。
21. 刚出门，碰到一场大雨，衣服都被淋湿了。
22. 我的意思被误解了，我打算跟她解释一下。
23. 经过表决，他的提议被否决了。
24. 那座水库没有被洪水冲垮。
25. 我的钱包没被偷走，昨天回家以后，在家里找到了。

Ⅱ 1. 大概他被组长批评了。
　 2. 那项跳水记录已经被打破了。
　 3. 他写的文章被杂志社采用了。
　 4. 那个小朋友被解放军从水里救上来了。
　 5. 那块肉没有被小狗叼走。

Ⅲ 1. 我的自行车被朋友骑到城里去了。
　 2. 墙上的画儿快要被风刮下来了。
　 3. 这个问题被解决了。
　 4. 你的大衣挂在柜子里了。
　 5. 那里的人们热烈欢迎了我们。／我们受到那里人们的热烈欢迎。

第21课

Ⅰ 1. 你只要五千块的话,我是有的。
2. 她出去工作,她爱人是支持的。
3. 这种说法是不妥当的,应该换个说法。
4. 你这样做,我是完全理解的。
5. 你对我的恩情我是永远不会忘记的。
6. 朋友们是会谅解你的。
7. 小红是懂得这个道理的。
8. 这种零件现在是很容易找到的。
9. 这个问题是可以解决的,让我们再想想办法(对策)。
10. 他是不会送来的,你去取一趟吧。
11. 不下工夫,是学不好外语的。
12. 你们是不应该去那个地方的。
13. 我们不去请,他是不会来的。
14. 父亲是从来不吸烟、不喝酒的。
15. 这种羽绒服穿起来是非常暖和的。
16. 我想你是一定会答应这件事的。
17. 疲劳的时候去洗洗温泉是很解乏的。
18. 没有大家的帮助,我是不会取得这么大成绩的。
19. 只要双方坚持对话,这个问题是可以和平解决的。
20. 你的这个发明是很有价值的,希望你继续研究下去。
21. 他对你的情意是谁都看得出来的。我想你不会感觉不到吧。
22. 我是很愿意帮你的忙的,你有什么就请说出来吧。
23. 作买卖是一定要讲信用的。
24. 这种药对皮肤过敏是非常有效果的。
25. 困难是有的,可是只要我们努力,我相信是一定能克服的。

Ⅱ 1. 他是一定愿意去的。
 2. 他是会给你打电话的。
 3. 他们是欢迎我们来这儿的。／我们来这儿他们是欢迎的。
 4. 你是不应该让他失望的。
 5. 我们是不会忘记他的。

Ⅲ 1. 我是不认识他的。
 2. 今天天气不错,是不会下雨的。
 3. 他是不喜欢运动的。
 4. 你是不应该这样做的。
 5. 她是很想做翻译工作的。

综合练习5

1. 1) 妹妹把花儿插在花瓶里。
   2) 他们已经把那批货运到仓库去了。
   3) 她想把那块绸子做成一件连衣裙。
   4) 我还没有把房租交给房东呢。
   5) 同学们把他们的班主任当作朋友一样。
   6) 那几棵树被台风刮倒了。
   7) 小桥被大水冲垮了。
   8) 这些房子是被地震震塌的。
   9) 他们几个人被上级派到日本去研修了。
   10) 那位劳动模范被选为这个工厂的厂长了。

2. 1) 你的画儿画得真棒。
      你画儿画得真棒。
   2) 妈妈的鱼汤煮得很好喝。
      妈妈鱼汤煮得很好。

3) 他的小说写得非常动人。
   他小说写得非常动人。
4) 奶奶的兔子养得又肥又大。
   奶奶兔子养得又肥又大。
5) 她的汽车开得相当稳。
   她汽车开得相当稳。

3. 1) 是 的　把 建设成　被 吸引住
   2) 是 的　被 吓倒　把 变成　被 看不起
   3) 被 扔掉　把 运到　是 的

4. 1) 我々の職場は昨年家を建てたのです。
   我々の職場が家を建てたのです。
   これらの家は我々の職場が建てたものです。
   2) 母は百貨大楼で私にオーバーを買ってくれました。
   母は私にオーバーを買うつもりです。
   このオーバーは母が買ってくれたんです。
   3) 彼らは飛行機で会議にやってきた。
   彼らは会議をしに来る。
   この会議はいくつかの団体が共同で主催したものです。
   4) 昨日はじめてこの事を知りました。
   私はこの事を知っています。
   これは先週の日曜日に起こった事です。

第 22 课

I 1. 这儿比那儿安静。
2. 明天的气温要比今天(的气温)高。
3. 我的体重比上个月减轻了，看来，最近练的减肥气功还挺见效。

4. 有一技之长总比没有强，你还是应该掌握一门儿技术。
5. 那位年青的厂长比这位更有远见。
6. 对完成这个任务他比我有信心。
7. 她比我们几个人有能力，一定能胜任这个工作。
8. 你在大连呆了很长时间，你比他更了解大连的情况。
9. 他比我更有经验，请他担任这项工作吧。
10. 我比你们二位走得慢，你们不用等我，先走一步吧。
11. 他比别人能吃、能喝、也能干。
12. 这个月的营业额比上个月还要少。
13. 你去比我去更合适，还是你去吧。
14. 妹妹比姐姐更有耐性。
15. 这条大街比刚才那条热闹多了。
16. 这个俱乐部成员的平均年龄比那个俱乐部高。
17. 他虽然比我小一岁，可是个子比我高一头。
18. 这条裙子比那条短一点儿。
19. 本年度的煤炭产量比上一年度提高了1.5倍。
20. 我比他晚起了半个小时。
21. 甲队比乙队多进了一个球。
22. 他今年八月去的中国，比我早去了一个月。
23. 你的书法不比他的(书法)差。
24. 这孩子在幼儿园比在家里表现好。
25. 没有比这更（再）好的毛笔了吗？

II 1. 这儿不比那儿的东西贵。
2. 今天比昨天多打了十公斤鱼。
3. 他比我洗得干净。

4. 教学方面她比你还有经验。

5. 我们比他们更喜欢滑雪。

Ⅲ 1. 他比我睡得晚得多。

2. 这个商店的东西比那个商店的便宜一点儿。

3. 他比我更有知识。

4. 我妈妈每天早上都比我们早起三十分钟。

5. 我来东京比小张早半年。

第23课

Ⅰ 1. 煤气烤箱有电烤箱好用吗?

2. 他俩游得有你那么远吗?

3. 你家乡(老家)的春天有这儿这么暖和吗?

4. 养殖的鱼有天然的鱼好吃吗?

5. 那条大街有这条的三倍宽。

6. 弟弟快有爸爸那么高了。

7. 这个植物园植物的种类没有那个植物园多。

8. 平时来这个商店买东西的人没有星期天那么多。

9. 由于今年雨水不顺,茶叶的产量没有去年高。

10. 绍兴酒没有茅台酒度数高,你尝一尝。

11. 他考虑问题没有你全面,所以你应该多提醒他。

12. 听说那部电影没有这部有意思,咱们还是看这部吧。

13. 这个雕刻工艺品没有架子上的那个精致,我要那个。

14. 我的腰没你那么粗,穿小号的没问题。

15. 这个主题公园没有那个主题公园有吸引力。

16. 他的学习态度没有你认真,所以进步很慢。

17. 我的中文基础没有你扎实,所以说汉语的时候常出现小错误。

18. 我的经验没有你丰富，怕完不成这个任务。
19. 我们队的实力虽然没有他们队强，但我们一定要密切配合，争取打赢。
20. 这个厂家出的电脑，信息处理速度没有那个厂家的快。
21. 我没有你这么会过日子。
22. 我们没有他们那么有办法。
23. 她姐姐没有她那么敢想、敢干。
24. 我穿的哪有(没有)你这么讲究。
25. 谁也没有我这么了解他。

Ⅱ 1. 去年大米的产量没有今年这么高。
　2. 那种点心没有这种便宜。
　3. 你的眼镜有她的那么漂亮吗?
　4. 王老师讲课没有张老师好。
　5. 这筐苹果也没有那筐重。

Ⅲ 1. 那个体育馆有这个体育馆这么大。
　2. 她唱歌没有你唱得那么好听。
　3. 这条领带有那条那么好看。
　4. 今天早上没有昨天早上凉快。
　5. 今年的灾情有去年那么严重吗?

第24课

Ⅰ 1. 他的爱好跟我一样，也喜欢下围棋。
　2. 这种机器的功能跟那种一样。
　3. 到我这儿来，希望你们跟到自己家一样，不要客气。
　4. 他跟我一样，常去唱卡拉OK。
　5. 马老师的孩子跟张老师的一样大。／马老师孩子的年龄跟张老师孩子的一样大。
6. 她跟她姐姐一样聪明。
7. 这儿的自然环境跟我们家乡的自然环境一样好。
8. 他们领的奖金跟我们一样多,可还不满意。
9. 我跟你一样已经习惯了这里的生活环境。
10. 他的孩子跟他一样爱听(看)京剧。
11. 足球跟棒球一样都是日本非常流行的体育运动。
12. 这所建筑跟那所一样,都很有中国的传统特色。
13. 他买的平板电脑跟我的不一样,跟小李的一样。
14. 他买了一辆跟你的颜色、型号一样的汽车。
15. 她想写一篇跟那篇文体风格不同的文章。
16. 小朋的脸红得跟苹果一样。
17. 他醉得跟一摊烂泥一样。
18. 这个工厂绿化得跟公园一样。
19. 我的手让马蜂蜇了一下,肿得跟馒头一样。
20. 他的马画得跟真的一样,谁见了都说好。
21. 我的想法跟大家的不一样。
22. 她的性格跟她妹妹完全不一样。
23. 这个句子的结构跟那个句子的结构不一样。
24. 我的连衣裙跟你的不一样,跟她的一样。
25. 他的意见跟你的一样不一样?

Ⅱ 1. 他来得跟你一样早。
2. 他们跟你们一样有理想。
3. 你去跟他来不一样吗?
4. 他们想搞一个规模跟你们一样的公司。/ 他们想搞一个跟你们规模一样的公司。

5. 这个词的意思跟那个词很不一样。

Ⅲ 1. 我也跟他(的)一样。

2. 这件衣料跟那件衣料很不一样。

3. 我的帽子跟你的不一样。

4. 她要买一块跟她男朋友一样的手表。

5. 这次的考题跟上次一样难。

第25课

Ⅰ 1. 这两盆花儿得浇点儿水了。

2. 您要点儿什么冷饮吗?

3. 这台机器出了点儿毛病,你给看看吧。

4. 离登机还有点儿时间,我们去咖啡店喝点儿咖啡吧。

5. 你的病好点儿了吗?

6. 这篇文章对他来讲,可能难了一点儿,怕翻译不了吧。

7. 这条裤子长了点儿,能不能给去一点儿。

8. 路上车特别多,你过马路的时候可要小心一点儿。

9. 请把面条煮得软一点儿,我喜欢吃软的。

10. 请把前边的头发留长一点儿,后边剪短一点儿。

11. 这条胡同有点儿窄,大卡车开不过去。

12. 我头有点儿晕,可能是高血压又犯了。

13. 我感到有点儿恶心,想吐,又吐不出来。

14. 我眼睛有点儿近视,还有点儿散光,所以大夫劝我配副眼镜。

15. 他那个人脾气有点儿大,动不动就爱发火。

16. 我跪着坐(正坐)了30分钟,脚都有点儿麻了。

17. 最近他有点儿骄傲了,谁的话都听不进去。

18. 最近我有点儿喜欢这个地方了。

19. 看样子，部长今天有点儿不高兴，你可不要去惹他。
20. 我有点儿不舒服，打算去医院看一看。
21. 最近我觉得自己有点儿胖了，该考虑减肥了。
22. 她什么都好，就是有点儿不合群。
23. 我有点儿不相信他的话，因为他总爱骗人。
24. 洗澡水有点儿烫，对(一)点儿凉水吧。
25. 这种液晶电视有点儿贵，有没有再便宜一点儿的?

Ⅱ 1. 雷声很大，可是雨只下了一点儿。
2. 今天有点儿冷，我穿上毛衣了。
3. 手头还有点儿美元，我想把它换成日元。
4. 请大家不要客气，多吃一点儿。
5. 那个人的架子有点儿大，我不太喜欢他。

Ⅲ 1. 我大概有点儿感冒了。
2. 我们休息一会儿吧。
3. 我有点儿发烧，浑身也感到没劲儿。
4. 下个星期日我有点儿空儿，我们一起去看电影吧。
5. 这条裤子太长，我要短一点儿的。

综合练习 6

1. 1) 那所医院的医疗条件有这所医院的医疗条件这么好。
   2) 那个公司的工作人员没有这个公司多。
   3) 他回答问题有你这么快。
   4) 那个学校的教学质量跟这个学校的(教学质量)一样。
   5) 她写的散文题材(内容)跟他一样。
   6) 他擅长的跟你不一样。
   7) 姐姐比妹妹大(四岁)。

8) 这座楼比那座楼高(五米)。

9) 张平比王文早到学校五分钟。

10) 我比他跑得慢。

2. 1) 一点儿　点儿　　2) 点儿　　3) 有点儿　　4) 有点儿
   5) 有点儿　　6) 有点儿　点儿　　7) 有点儿　点儿
   8) 点儿　有点儿　　9) 有点儿　有点儿　　10) 有点儿

3. 1) 跟　　一样　　比　　一些　　一些
   2) 比　　一岁　　跟　　一样　　比　　更
   3) 跟　　一样　　比　　点儿　　点儿　　比

ISBN 978-4-86398-105-8 C3087 ¥500E　　　　　　　定価［本体 500 円＋税］

白帝社　〒171-0014 東京都豊島区池袋 2-65-1　　TEL (03)3986-3271　FAX (03)3986-3272